Ana Kugli (Texte)
Janusch Tschech (Fotos)

Pforzheim

deutsch english français

Wartberg Verlag

Bildnachweis:
Alle Fotos in diesem Band stammen von Janusch Tschech.

Übersetzungen:
Anthony Alcock (englisch)
Marie Hermann (französisch)

1. Auflage 2011

Satz und Layout: Designbüro Gerald Halstenberg, Berlin
Druck: Bernecker MediaWare AG, Melsungen
Buchbinderische Verarbeitung: Buchbinderei Büge, Celle

34281 Gudensberg-Gleichen, Im Wiesental 1
Telefon: 0 56 03 - 9 30 50
www.wartberg-verlag.de
ISBN 978-3-8313-2373-9

Wir laden Sie ein …

… zu einem Spaziergang durch Pforzheim! Entdecken Sie mit uns alte und neue Bauten, selten beachtete Blickwinkel, malerische Momente inmitten urbanen Geschehens.

Eine vollendete Schönheit ist sie nicht gerade, unsere Heimatstadt. Geschuldet ist das ihrer Geschichte, die schon vor dem verheerenden Luftangriff am 23. Februar 1945 mehrfach von Zerstörung geprägt war. Immer wieder wurde die Stadt aufgebaut, und die Kraft dazu nährte sich nicht zuletzt aus der wirtschaftlichen Stärke, die sie in vielen ihrer Epochen zu leisten imstande war. Das galt insbesondere für die Zeit der prosperierenden Schmuck- und Uhrenherstellung, die Pforzheim den Beinamen „Goldstadt“ einbrachte. Bis heute ist diese Ära im Stadtbild ablesbar, wenn auch viele der Industriebauten inzwischen andere Funktionen innehaben. Ihren jeweils eigenen Charakter bewahrt haben oftmals die Stadt- und Ortsteile, die vor ihrer Eingemeindung eigenständige Dörfer waren.

Die Bauwerke, die Straßen, Brücken und Skulpturen dieser Stadt erzählen uns viele Geschichten. Vielleicht inspirieren Sie die Fotografien dieses Bandes, die Motive bei einem Streifzug durch Pforzheim und seine Umgebung persönlich in Augenschein zu nehmen. Wir versichern Ihnen: Es lohnt sich!

Ana Kugli und Janusch Tschech

We invite you …

… to a stroll through Pforzheim! Discover with us old and new buildings, seldom noticed perspectives, pictureque moments in the midst of the life of a busy city.

Our city is not exactly a perfect beauty. This is due to the fact that it had been destroyed on several occasions even before the devastating aerial bombardment of 23rd February 1945. Each time the city was rebuilt, and the strength to do this came from the economic prosperity that Pforzheim has been able to achieve in many periods of its history. This prosperity is due in large part to the production of jewellery and watches, which gave Pforzheim the nickname of Goldstadt (Gold City). Traces of this era can still be seen in the image of the city, even though many of the industrial buildings now have other functions. The individual districts of the city and suburbs, which were independent villages before urban incorporation, have kept their distinct character.

The buildings, streets, bridges and sculptures of this city tell us many stories. The photographs in this volume may inspire you to look more closely at the motifs in them as you stroll through Pforzheim and the surroundings. Believe us. It's worth it!

Ana Kugli und Janusch Tschech

Nous vous invitons …

... à une promenade à travers Pforzheim! Découvrez avec nous des bâtiments, anciens et modernes, des points de vue souvent négligés, des instants pittoresques au milieu de l'activité urbaine.

Ce n'est pas vraiment une beauté, notre ville. La faute en revient à son histoire qui, déjà avant les bombardements dévastateurs du 23 février 1945, avait été plusieurs fois marquée par la destruction. La ville a été à chaque fois reconstruite grâce à une force puisée principalement dans la puissance économique dont Pforzheim avait souvent fait preuve par le passé. Cela vaut particulièrement pour l'époque prospère de la fabrication de bijoux et d'horloges à laquelle Pforzheim doit son surnom de «ville de l'or». La physionomie de la ville a gardé jusqu'à aujourd'hui des traces de cette période même si de nombreux bâtiments industriels sont aujourd'hui affectés à d'autres activités. Les quartiers ayant été des villages autonomes avant leur rattachement à la ville ont souvent conservé leur caractère propre.

Les édifices, les rues, ponts et sculptures de cette ville nous racontent de nombreuses histoires. Peut-être les photos de ce livre vous donneront-elles envie de voir ces motifs de vos propres yeux lors d'une balade à travers Pforzheim et ses environs. Nous vous assurons que cela en vaut la peine!

Ana Kugli et Janusch Tschech

Aus der Pforzheimer Stadtgeschichte

In einer Tallandschaft am Nordrand des Schwarzwalds, dort, wo die Flüsse Enz, Nagold und Würm zusammenfließen, liegt die Stadt Pforzheim. Heute zählt sie rund 120 000 Einwohner. Im Lauf ihrer jahrtausendealten Geschichte wurde sie mehrfach zerstört und wieder aufgebaut.

Eine Siedlung namens Portus

Spuren einer keltischen Siedlung lassen vermuten, dass die ersten Menschen ab etwa 500 bis 300 v. Chr. im Bereich der heutigen Stadt lebten. Als eigentliche Entstehungszeit Pforzheims gilt der Zeitraum ab 90 n. Chr. An der Enz, etwa da, wo sich heute die Altstädter Brücke befindet, gründeten die Römer eine Siedlung namens Portus. Die Alemannen zerstörten Portus um 260, dennoch blieb es weiterhin bewohnt.

Alte und Neue Stadt

Erstmals urkundlich erwähnt wurde Pforzheim 1067. Hoher Besuch durch Kaiser Heinrich IV. ist für die Jahre 1067 und 1074 nachgewiesen. Bereits vor 1080 muss die „Alte Stadt", die aus der römischen Siedlung hervorgegangen war, das Marktrecht erhalten haben. Eine „Neue Stadt" am Fuße des heutigen Schlossbergs gründete man um 1150. Mit den Jahrzehnten wuchsen die Alte und die Neue Stadt zusammen, zunächst waren sie aber rechtlich eigenständig.

Eine wirtschaftliche Blütezeit erlebte die Stadt im 13. und 14. Jahrhundert. Pforzheim entwickelte sich in dieser Phase zur wichtigsten Stadt der Markgrafschaft Baden, denn 1220 erwählten die Markgrafen Pforzheim erstmals zu ihrer Residenz. Von diesem Glanz zeugte noch die „Pforzheimer Fürstenhochzeit" im Jahr 1447, als der badische Markgraf Karl I. Prinzessin Katharina von Österreich in der Schlosskirche ehelichte – Festgäste aus ganz Europa kamen zu dem mehrtägigen Fest nach Pforzheim. Wenige Jahre später, 1463, unterlag Karl I. dem pfälzischen Kurfürsten im Badisch-Pfälzischen Krieg. Daraufhin musste er Pforzheim zum pfälzischen Lehen erklären, konnte ohne die Zustimmung des pfälzischen Kurfürsten nicht mehr über die Stadt verfügen. Die Hauptresidenz der Markgrafen wurde nun Baden-Baden. Dennoch blieb Pforzheim die wirtschaftlich bedeutendste Stadt der Markgrafschaft Baden.

Insbesondere die Flößerei zählte zu den ältesten und wichtigsten Gewerben in Pforzheim. Über die drei Flüsse gelangten Einzelstämme und kleine Flöße aus dem Schwarzwald in die Stadt und wurden in der Pforzheimer Au zu großen Flößen umgebunden, die über die untere Enz, den Neckar und den Rhein bis nach Holland weitertransportiert wurden. Pforzheim besaß auch eine Zollstation, an der die Flößer für die Benutzung der Wasserwege eine Gebühr bezahlen mussten.

Mitte des 15. Jahrhunderts entstand außerdem die Pforzheimer Lateinschule, die sich zu einer der wichtigsten Gelehrtenschulen im Süden Deutschlands entwickelte. Sie spielte eine große Rolle für die Ausbreitung des Humanismus und der Reformation. Zu ihren bekanntesten Schülern gehörten der Pforzheimer Humanist Johannes Reuchlin sowie Philipp Melanchthon aus Bretten.

Aufstieg und Zerstörung

Markgraf Ernst I., der mit seinem Bruder Bernhard III. die badische Markgrafschaft teilte, erklärte Pforzheim 1535 wieder zur Residenz seiner Regierungslinie. Der Glanz des Hofes lockte Adlige, Gelehrte und Künstler an, die der Stadt eine weitere Blütezeit bescherten.

Doch diese hielt nicht lange an: Ernsts Sohn Karl II. verlegte die Residenz 1565 nach Durlach. Bereits 1556 hatte er das Luthertum als Staatsreligion eingeführt – Pforzheim war von da an protestantisch.

Das 17. Jahrhundert brachte Pforzheim vornehmlich Krieg und Zerstörung. Im Dreißigjährigen Krieg litt die Stadt mit ihren Bewohnern vielmals, bevor bayerische Truppen 1645 die Alte Stadt völlig niederbrannten. Kaum von diesen Wunden erholt, wurde Pforzheim im Pfälzischen Erbfolgekrieg mehrfach von französischen Truppen geplündert und verwüstet.

Goldstadt Pforzheim

Im 18. Jahrhundert liegen die Wurzeln der späteren „Goldstadt" Pforzheim. 1718 eröffnete das Pforzheimer Waisenhaus im ehemaligen Dominikanerinnenkloster. Markgraf Karl-Friedrich verfügte 1767, dass zur Ausbildung der Waisen eine Uhrenfabrik im Waisenhaus einzurichten sei und begründete damit die spätere Schmuck- und Uhrenindustrie. Die Fertigung von Schmuckwaren kam hinzu. Bald ex-

portierte man den Schmuck ins Ausland, während die Uhrenproduktion aufgegeben wurde. Sie erlebte erst ab 1920 mit der Fertigung von Armbanduhren wieder einen Aufschwung.

Um 1800 war Pforzheim mit rund 900 Fabriken die größte Industriestadt Badens und das bedeutendste Zentrum der Schmuckfertigung in der ganzen Welt. 1861 fand die Goldstadt Anbindung an das Eisenbahnnetz. Im Jahr der Reichsgründung 1871 erreichte die Konjunktur in der Schmuckfabrikation einen Höhepunkt.

Mit der wirtschaftlichen Kraft wuchs auch die Einwohnerzahl: 1900 zählte die Stadt 10 000 Einwohner mehr als nur fünf Jahre zuvor. Ein Bauboom setzte ein, neue Wohnhäuser und Stadtviertel entstanden, und die Stadt bemühte sich, die Infrastruktur stetig zu verbessern. Junge Goldschmiede, Maler, Bildhauer und Künstler kamen nach Pforzheim, um an der Goldschmiedeschule oder der Kunstgewerbeschule zu lernen. Spätestens als sich die Straßenbahn durch Pforzheim schlängelte, fühlte man sich hier wie in einer modernen Großstadt. 1905 vergrößerte sich Pforzheim zudem durch die Eingemeindung Brötzingens, 1913 kam Dillweißenstein zum Stadtgebiet hinzu.

Die dunklen Jahre

Die beiden Weltkriege des 20. Jahrhunderts hinterließen in Pforzheim deutliche Spuren. Im Ersten Weltkrieg starben mehr als 2000 Pforzheimer als Soldaten. Hunger und Not prägten die Jahre des Krieges in der Stadt, deren Bewohner in den Fabriken nun Munition und Gasmasken herstellten.

Für die Rüstungsindustrie arbeiteten die Pforzheimer auch während der Naziherrschaft. 1938 wurde in der Reichspogromnacht die Pforzheimer Synagoge schwer beschädigt. Die jüdische Gemeinde wurde genötigt, die Kosten für den anschließenden Abriss zu bezahlen. Im Herbst 1940 deportierte man die 195 in der Stadt verbliebenen Juden, nur wenige von ihnen überlebten die Konzentrationslager.

Britische Bomber zerstörten am 23. Februar 1945 die Stadt bei einem Luftangriff. Innerhalb von 22 Minuten fanden 17 600 Pforzheimer den Tod. 98 Prozent des Stadtzentrums waren nach dem Angriff eine Trümmerlandschaft. Pforzheim gehörte zu den am stärksten zerstörten Städten. Die Bewältigung der Kriegsfolgen sollte Jahrzehnte in Anspruch nehmen.

Nach dem Krieg

Das Leben in Ruinen kennzeichnete die Nachkriegsjahre. Zwar erstarkte die Pforzheimer Industrie bereits zu Beginn der 50er-Jahre wieder, doch es mangelte akut an Wohnraum. Entsprechend war es den Verantwortlichen wichtig, schnell Abhilfe zu schaffen. Appelle der Denkmalpflege, Gebäuderuinen nicht abzureißen und wenigstens einen Teil des historischen Stadtbilds wiederherzustellen, verhallten, was viele Pforzheimer heute bedauern. Das gegenwärtige Stadtbild ist vornehmlich durch die Architektur der 50er-Jahre geprägt.

Bauboom und Wirtschaftswunder bedeuteten einen Bedarf an Arbeitskräften, die ab Mitte der 50er-Jahre auch aus dem Ausland nach Pforzheim kamen. Eine neue Heimat fanden in Pforzheim zudem rund 17 000 Vertriebene aus den ehemaligen deutschen Ostgebieten. Die 60er-Jahre brachten in der Goldstadt Modernisierung und Wandel mit sich – und 1968 einen Tornado, der verheerende Schäden anrichtete.

Pforzheim wird Großstadt

Im Rahmen einer kommunalen Gebietsreform wurden zu Beginn der 70er-Jahre die Gemeinden Würm, Hohenwart, Büchenbronn, Huchenfeld und Eutingen nach Pforzheim eingemeindet. 1975 überschritt die Stadt erstmals die Zahl von über 100 000 Einwohnern und durfte sich fortan offiziell Großstadt nennen.

Zahlreiche Städtepartnerschaften seit Ende der 80er-Jahre bezeugen die Offenheit Pforzheims gegenüber anderen Kulturen. Partnerstädte sind heute Gernika (Spanien), Saint-Maur-des-Fossés (Frankreich), Vicenza (Italien), Irkutsk (Russland), Nevsehir (Türkei), Györ-Moson-Sopron (Ungarn), Tschenstochau (Polen) und Osijek (Kroatien).

Der Glanz der Goldstadt gründet sich heute nicht mehr allein auf die Schmuck- und Uhrenindustrie, die im Lauf der 90er-Jahre an Bedeutung einbüßte. Präzisionstechnik, Metallverarbeitung und Maschinenbau, die Drucktechnik, die Dental- und Medizintechnik, der Handel und der Versandhandel sowie die Kreativwirtschaft sind die Branchen, auf die Pforzheim heute seine Zukunft baut.

Glimpses of the history of Pforzheim

In a valley landscape on the northern edge of the Black Forest, where the Enz, Nagold and Würm flow into each other, lies the city of Pforzheim, with a population of about 120,000. In the course of its history the city has been destroyed and rebuilt more than once.

A settlement named Portus

Traces of a Celtic settlement lead us to suppose that the first people lived near the present city from between 500 to 300 BC. The city probably came into existence from about 90 AD. On the Enz, where the bridge of the old city stands today, the Romans founded a settlement name Portus, which was destroyed by the Alemanni in around 260 AD, but the city continued to be occupied.

Old and new city

The first documentary mention of Pforzheim was in 1067. A high-ranking visit from Kaiser Heinrich IV is attested in 1067 and 1074. Already before 1080 the 'old city', which had developed from the Roman settlement, had been granted the right to hold a market. A 'new city' at the foot of the present Schlossberg (palace hill) was founded around 1150. The old and new city grew together over the years, but initially they were, in legal terms, independent of each other.

The city enjoyed great prosperity in the 13th and 14th centuries and it was during this period that Pforzheim became the most important city in the Markgrafschaft (margraviate - unit connected with the Holy Roman Empire) of Baden, because in 1220 the margraves chose Pforzheim for the first time as their Residence. The Pforzheimer Fürstenhochzeit (Pforzheim Prince's Wedding) in 1447 is testimony of this glamour, when the Baden margrave Karl I. married Princess Katharina von Österreich in the Schlosskirche (palace church) – attended by guests who had come from all over Europe to Pforzheim for the occasion, which lasted several days. A few years later in 1463 Karl I. was defeated by the Palatinate Kurfürst (Elector of the Holy Roman Emperor) in the Baden-Palatinate. After this defeat he had to delare Pforzheim a Palatinate fief and was no longer able to govern the city without the consent of the Palatinate Elector. The principal residence of the margrave now became Baden-Baden. Nevertheless, Pforzheim remained economically the most important city of the Baden margraviate.

In particular, the floating of timber was one of the oldest and most important industries in Pforzheim. The individual trunks made their way on the three rivers in small floats from the Black Forest into the city, where they were bundled together in larger floats in the Pforzheimer Au (floodplain), which were then transprted on the lower Enz, the Neckar and the Rhine to Holland. Pforzheim was also a customs station, where the logging companies had to pay a fee for the use of the waterways.

In the mid-15th cent. the Pforzheimer Lateinschule (Latin School) was founded and it became one of the most important academies in South Germany. It played a significant role in the promotion of humanism and the Reformation. Among the best known students of the academy were Johannes Reuchlin (Pforzheim) and Philipp Melanchthon (Bretten).

Rise and destruction

The margrave Ernst I, who with his bother Bernhard III shared the margraviate, declared Pforzheim in 1535 to be the Residence of his dynasty. The splendour of the court attracted nobles, scholars and artists, who created the conditions that made it possible for the city once again to flourish.

But it did not last. Ernst's son, Karl II., moved the Residence in 1565 to Durlach. He had introduced Lutheranism as early as 1556 as the state religion - from then on Pforzheim was Protestant.

The 17th cent. brought mostly war and destruction to Pforzheim. In the Thirty Years War the city and its residents suffered quite a lot before Bavarian troops burned down the old city completely in 1645. As it was beginning to recover from these wounds Pforzheim was plundered and laid waste more than once by French troops in the Palatinate War of Succession.

Goldstadt Pforzheim (Gold City Pforzheim)

The roots of the later „Gold City" are to be found in the 18th cent. In 1718 the Pforzheim orphanage was opened in the former convent of Dominican nuns. The margrave Karl-Friedrich in 1767 arranged for a clock factory to be set up to train the orphans, which was the beginning of the later jewelle-

ry and and clock industry. Jewellery production came later. Jewellery was soon being exported abroad, while clock production was given up. It was not until 1920 that timepieces enjoyed another boom with the production of wrist watches.

Around 1800 Pforzheim, with about 900 factories, was the largest industrial city in Baden and the most important centre of jewellery manufacture in the whole world. In 1861 the Gold city was connected to the railway. When the Reich (the first unification of modern Germany) was founded in 1871, jewellery production reached its height.

The population grew as prosperity increased: in 1900 the city had a population of 10,000, twice as many as the year before. This brought with it a construction boom, including new homes and districts, and the city was constantly making efforts to improve its infrastructure. Young goldsmiths, painters, sculptors and artists moved to Pforzheim study at the Goldschmiedeschule (Goldsmith School) or the Kunstgewerbeschule (School of Applied Arts). It was not until the trams began to thread their way through Pforzheim that one had the feeling of living in a modern city. In 1905 Pforzheim expanded with the incorporation of Brötzingen, and in 1913 this was further enlarged as Dillweißenstein became part of the city.

The dark years

The two World Wars of the 20th cent. left clear traces in Pforzheim. In the First World War more than 2,000 Pforzheimers died as soldiers. The war years were marked by hunger and shortages in the city, where some of the population were engaged in the production of munitions and gas masks in factories.

The people of Pforzheim also worked for the armaments industry during the Nazi period. In 1938 the Synagogue was badly damaged in the Reichspogromnacht (9th Novemeber, also called Kristallnacht). The Jewish community was forced to pay for the costs of subsequently demolishing the bulding. In Autumn 1940 the 195 Jews still living in the city were deported, and only few of them survived the concentration camps. British bombers destroyed the city in an air attack on 23rd February 1945. Within 22 minutes 17,600 people were killed.

98 % of the city centre was reduced to debris after the attack. Pforzheim was one of the most badly destroyed cities. Coming to terms with the war was to take decades.

After the war

The postwar years are marked by ruins. While industry in the city had already started to grow at the beginning of the 1950s, there was a shortage of living space. So it became a priority for the authorities to provide help quickly. Appeals for the preservation of monuments, not to demolish buildings in ruins and at least rebuild a part of the historic centre of the city fell on deaf ears, and many people in the city now regret this. The present cityscape is marked predominantly by the architecture of the 1950s.

Construction boom and economic miracle meant a need for labour, and the workers to perform it came from abroad. Around 17,000 refugees from the former German eastern territories came to settle in Pforzheim. The 60s brought modernization and change to the Gold City - and a tornado in 1968 that caused damage on a devastating scale.

Pforzheim becomes a city

Following local government reorganization the towns of Würm, Hohenwart, Büchenbronn, Huchenfeld and Eutingen were incorporated into Pforzheim at the beginning of the 1970s. In 1975 the population exceeded 100,000, and from that time forward was allowed to call itself officially a Großstadt (city).

Many city partnerships from the end of the 1980s testify to the openness of Pforzheim to opther cultures. Twin cities today include Guernica (Spain), Saint-Maur-des-Fossés (France), Vicenza (Italy), Irkutsk (Russia), Nevsehir (Turkey), Györ-Moson-Sopron (Hungary), Cz stochowa (Poland) and Osijek (Croatia). The Goldstadt is today no longer famous just for its jewellery and clock manufacture, which became less important in the 90s. Precision technology, metalworking and mechanical engineering, printing, dental and medical technology, commerce both direct and mail order and the creative branches of industry are the foundations on which Pforzheim is today building its future.

De l'histoire de la ville de Pforzheim

La ville de Pforzheim est située dans une région de vallées, en bordure septentrionale de la Forêt-Noire et au confluent de l'Enz, de la Nagold et de la Würm. Elle compte aujourd'hui environ 120 000 habitants. Au cours de son histoire millénaire, elle a été à plusieurs reprises détruite et reconstruite.

Une colonie nommée Portus

Des traces d'habitat celte font penser que le territoire actuel de la ville a été occupé une première fois entre environ 500 av. J. C. et 300 av. J. C. On fait remonter l'origine à proprement parler de Pforzheim à 90 ap. J. C. Les Romains fondent une colonie nommée Portus sur les bords de l'Enz à peu près à l'endroit où se trouve aujourd'hui le pont Altstädter Brücke. Après la destruction de Portus par les Alamans vers 260, la colonie continue cependant d'être habitée.

Vieille ville et ville neuve

Pforzheim est mentionnée pour la première fois en 1067 et il est attesté qu'elle reçoit en 1067 et 1074 la visite d'un hôte de marque: l'empereur Henri IV. Avant 1080 déjà, la «vieille ville» dont l'origine remonte à la colonie romaine, obtient le droit d'avoir un marché . Une «ville neuve» est fondée vers 1150 au pied de l'actuel mont Schlossberg. Au cours des décennies qui suivent, vieille ville et ville neuve – à l'origine juridiquement autonomes – finissent par être réunies.

La ville connaît une apogée économique au 13e et au 14e siècle. Pendant cette période, Pforzheim devient la ville la plus importante du margraviat de Bade car en 1220, les margraves la choisissent pour la première fois pour résidence.

De cet éclat princier témoigne en 1447 encore le «mariage princier de Pforzheim» lors duquel le margrave de Bade Charles Ier épouse la princesse Catherine d'Autriche dans l'église du château. Des invités venus de toute l'Europe assistent à la fête qui dure plusieurs jours. Quelques années plus tard seulement, en 1463, Charles Ier est vaincu par le prince électeur du Palatinat pendant la guerre opposant la Bade au Palatinat. À la suite de cela, il doit accepter de voir Pforzheim transformée en fief palatin et ne peut plus disposer de la ville sans l'accord du prince-électeur palatin.

La résidence principale du margrave devient alors Baden-Baden mais d'un point de vue économique, Pforzheim demeure la ville la plus importante du margraviat de Bade.

Le flottage du bois compte parmi les plus anciennes et les plus importantes activités économiques de Pforzheim. Séparément ou réunis en petits radeaux, les troncs d'arbres en provenance de Forêt-Noire arrivent à Pforzheim sur les rives de laquelle ils sont réunis en grands radeaux avant d'être transportés aux Pays-Bas en passant par le cours inférieur de l'Enz, le Neckar et le Rhin. Pforzheim possède aussi un poste de douane où les flotteurs doivent payer des droits leur permettant d'utiliser les voies fluviales.

De plus est créée au milieu du 15e siècle l'école latine de Pforzheim qui devient un des collèges les plus importants du sud de l'Allemagne. Elle joue un grand rôle pour

l'expansion de l'humanisme et de la Réforme. Parmi ses élèves les plus illustres, on compte l'humaniste de Pforzheim Johannes Reuchlin ainsi que Philipp Melanchton qui est originaire de Bretten.

Essor et destruction

En 1535, le margrave Ernest Ier qui se partage le margraviat de Bade avec son frère Bernard III refait de Pforzheim la résidence de sa lignée. L'éclat de sa cour attire nobles, savants et artistes à qui la ville doit une nouvelle apogée.

Mais celle-ci est de courte durée: Charles II, le fils d'Ernest, transfère la résidence à Durlach. Dès 1556, le luthéranisme est instauré religion d'état – Pforzheim est à partir de ce moment-là protestant. Pour Pforzheim, le 17ème siècle est surtout synonyme de guerre et de destruction. Pendant la guerre de Trente Ans la ville et ses habitants souffrent beaucoup avant que des troupes bavaroises ne réduisent en 1645 la vieille ville en cendres. À peine est-elle remise de ces blessures que Pforzheim est à plusieurs reprises pillée et dévastée par des troupes françaises au cours de la guerre de la Succession palatine.

Pforzheim, ville de l'or

La future «ville de l'or» a ses racines au 18e siècle. En 1718, l'orphelinat de Pforzheim est ouvert dans l'ancien couvent des dominicaines. Le margrave Charles-Frédéric ordonne en 1767 qu' un ate-

lier d'horlogerie y soit installé afin de donner une formation aux orphelins et est ainsi à l'origine de la future industrie de bijouterie et d'horlogerie. À cela s'ajoute la fabrication de bijoux. On exporte bientôt les bijoux à l'étranger alors que la production d'horloges est abandonnée. C'est seulement à partir de 1920 que celle-ci connaît un nouvel essor avec la fabrication de bracelets-montres.

Vers 1800, Pforzheim compte environ 900 fabriques, est la plus grande ville industrielle de Bade et le plus important centre mondial de fabrication de bijoux. En 1861, la ville de l'or est rattachée au réseau ferroviaire. En 1871, l'année de la création du Reich, la conjoncture dans l'industrie du bijou atteint son apogée.

La puissance économique s'accompagne d'un accroissement du nombre des habitants: en 1900, la ville compte 10 000 habitants de plus que seulement cinq ans auparavant. L'industrie de la construction enregistre un boom, de nouveaux immeubles et quartiers apparaissent et la ville s'efforce sans relâche d'améliorer les infrastructures. De jeunes orfèvres, peintres, sculpteurs et artistes viennent à Pforzheim étudier à l'école d'orfèvrerie ou à l'école des arts décoratifs. Au plus tard quand le tramway serpente à travers la ville, on a le sentiment d'être dans une métropole moderne. En 1905, Pforzheim s'agrandit encore plus avec le rattachement de Brötzingen suivi en 1913 par celui de Dillweißenstein.

Les années sombres

Au 20ème siècle, les deux guerres mondiales laissent des traces visibles à Pforzheim. Pendant la Première Guerre, plus de 2000 de ses habitants meurent sous les drapeaux. Les années de guerre sont marquées par la faim et les privations dans cette ville dont les habitants travaillent maintenant dans des usines de munitions et de masques à gaz. Sous le régime nazi, les habitants de Pforzheim travaillent aussi dans l'industrie de l'armement. En 1938, pendant la Nuit de cristal, la synagogue de Pforzheim est gravement endommagée et la communauté juive contrainte de prendre à sa charge les frais de démolition qui s'ensuivent. Les 195 juifs encore présents dans la ville sont déportés en automne 1940; seuls quelques-uns d'entre eux réchapperont des camps de concentration. Le 23 février 1945, des bombardiers britanniques détruisent la ville. 17 600 habitants de Pforzheim trouvent la mort en l'espace de 22 minutes. 98 % du centre-ville n'est plus qu' un champ de ruines. Pforzheim fait partie des villes les plus touchées de la guerre et mettra des dizaines d'années à s'en remettre.

L'après-guerre

La vie au milieu des ruines est caractéristique des années de l'après-guerre. Un renouveau de l'industrie de Pforzheim se dessine dès le début des années 50 mais l'on manque encore cruellement de logements. C'est pourquoi les responsables ont avant tout comme priorité de remédier rapidement à cela. Les appels des partisans de la conservation des monuments historiques à ne pas raser les bâtiments en ruines et à restaurer au moins une partie de la vieille ville ne sont pas entendus, ce que de nombreux habitants déplorent aujourd'hui. La physionomie actuelle de la ville porte principalement l'empreinte de l'architecture des années 50. Boom immobilier et miracle économique provoquent un besoin de main-d'œuvre qui, à partir du milieu des années 50, vient aussi de l'étranger. De plus, environ 17 000 personnes en provenance des anciens territoires allemands de l'est trouvent une nouvelle patrie à Pforzheim. Les années 60 apportent dans la ville de l'or modernisme et changement – et en 1968, une tornade dévastatrice.

Pforzheim devient une grande ville

Dans le cadre d'une réforme territoriale, les communes de Würm, Hohenwart, Büchenbronn, Huchenfeld et Eutingen sont rattachées à Pforzheim au début des années 70. En 1975, la ville a pour la première fois plus de 100 000 habitants et peut officiellement s'appeler «grande ville».

Depuis la fin des années 80, de nombreux jumelages témoignent de l'ouverture de Pforzheim envers d'autres cultures puisqu'elle a Guernica (Espagne), Saint-Maur-des-Fossés (France), Vicente (Italie), Irkoutsk (Russie), Nevsehir (Turquie), Györ-Moson-Sopron (Hongrie), Czestochowa (Pologne) et Osijek (Croatie) pour villes partenaires.

L'éclat de la ville de l'or n'est plus uniquement fondé sur l'industrie de la bijouterie et de l'horlogerie qui a perdu de son importance dans les années 90. La technique de précision, le travail des métaux et la construction mécanique, la technique d'impression, la technique dentaire et médicale, le commerce et la vente par correspondance ainsi que l'économie créative sont les branches sur lesquelles Pforzheim bâtit aujourd'hui son avenir.

Innenstadt | Inner City | Centre ville

Willkommen in Pforzheim

Der Pforzheimer Hauptbahnhof ist oftmals das Erste, was Besucher von der Stadt erblicken. Das Flugdach sowie die großzügige Bahnhofshalle mit Glasfassade entsprachen bei der Eröffnung 1958 dem modernsten Stand der Bahnhofsarchitektur.

Welcome to Pforzheim

The main station of Pforzheim is often the place that visitors to the city see first. The flying roof and the expansive station concourse with its glass façade were state-of-the-art station architecture when the station was opened in 1958.

Bienvenue à Pforzheim

La gare centrale de Pforzheim est souvent ce que les visiteurs voient de la ville en premier. Au moment de son inauguration en 1958, son avant-toit ainsi que son vaste hall de gare à la façade en verre étaient à la pointe de l'architecture ferroviaire de l'époque.

Hotel Ruf

Einst das erste Haus am Platz: das Hotel Ruf. Der denkmalgeschützte Jugendstilbau bietet heute Unterkünfte für Studierende.

Hotel Ruf

Once the first house on the square: the Hotel Ruf. The monument-listed art nouvea building now provides accommodation for students.

Hôtel Ruf

L'hôtel Ruf était jadis la meilleure adresse de la ville. Ce bâtiment classé de style Art nouveau est aujourd'hui un foyer d'étudiants.

Die Bahnhofstraße

Die Bahnhofstraße verbindet den Hauptbahnhof mit dem Leopoldplatz. Der Turm des ehemaligen Bezirksamtes, 1901 bis 1903 erbaut, ist ein Wahrzeichen der Stadt. Lokale, Cafés und Fachgeschäfte beleben die Bahnhofstraße.

Station Street

The Bahnhofstraße connects the main station with Leopoldplatz. The tower of the former Bezirksamt (local government authority building), built between 1901 and 1903, is a landmark of the city. Local cafés and specialist shops make the Bahnhofstraße a lively area.

Bahnhofstrasse

La rue Bahnhofstrasse relie la gare centrale à la place Leopold. La tour de cet ancien bâtiment public construit de 1901 à 1903 est un des emblèmes de la ville. Restaurants, cafés et magasins spécialisés en font une rue animée.

Der Blumenhof

Kleine Oase in der Innenstadt: der Blumenhof. Die Barfüßerkirche im Blumenhof ist der einzige Überrest des ehemaligen Franziskanerklosters, das während des Pfälzischen Erbfolgekriegs 1689 zerstört wurde. Der Brunnen in unmittelbarer Nähe der Barfüßerkirche ist der ehemalige Waisenhausbrunnen, der den Luftangriff vom 23. Februar 1945 überstand und seit 1986 im Blumenhof steht.

Flower Court

A small oasis in the inner city: the Blumenhof. The Barfüßerkirche (Barefooters' Church) in the Blumenhof is the only remnant of the former Franciscan monastery that was destroyed during the Palatine War of Succession in 1689. The well right next the church is the former orphanage well, which survived the air attack of 23rd February and has stood in the Blumenhof since 1986.

Le Blumenhof

Un petit havre de paix dans le centre-ville: le parc Blumenhof. L'église du parc, la Barfüßerkirche (église des frères déchaussés), est le dernier vestige de l'ancien monastère franciscain détruit en 1689, pendant la guerre de la Succession palatine. La fontaine toute proche de l'église Barfüßerkirche est l'ancienne fontaine de l'orphelinat; elle a réchappé aux bombardements du 23 février 1945 et se dresse depuis 1986 dans le Blumenhof.

Die Westliche

Vom Marktplatz in Richtung Leopoldplatz blickend, schaut man auf Pforzheims zentrale Fußgängerzone. Hier beginnt auch die Westliche Karl-Friedrich-Straße, die sich bis weit nach Brötzingen zieht.

Die Westliche (The Western)

Looking from the Market Square in the direction of Leopoldplatz you can see the central pedestrian zone of Pforzheim. This is where the western Karl-Friedrich-Straße starts, which goes as far as Brötzingen.

La Westliche

La zone piétonnière vue de la place du Marché en direction de la place Leopold. Ici commence également la rue Westliche Karl-Friedrich qui s'étire jusqu'à Brötzingen.

Pforzheims Rathäuser

Das Alte Rathaus wurde nach dem Zweiten Weltkrieg zunächst provisorisch instand gesetzt. Erst zur Jahrtausendwende sanierte die Stadt das Gebäude mit dem zauberhaften Lichthof aufwendig. Tradition und Moderne vereinen sich hier in einem spannungsreichen Wechselspiel.

Pforzheim's Town Halls

The old town hall was provisionally rebuilt after World War Two, but for the new millenium the city completely refurbished the building with its magical atrium. The building is now a fascinating interplay of the traditional and the modern.

Mairies de Pforzheim

Après la Seconde Guerre mondiale, l'ancienne mairie a d'abord été provisoirement remise en état. C'est seulement à la fin du millénaire que la ville a restauré à grands frais ce bâtiment dont la merveilleuse cour intérieure vitrée allie tradition et modernité.

Der Marktplatz mit dem Neuen Rathaus, das man 1973 einweihte und das seither Sitz des Oberbürgermeisters ist. 2007/2008 wurde der Marktplatz zuletzt umgestaltet. Zahlreiche wiederkehrende Veranstaltungen wie das Oechslefest, der Gruschtelmarkt oder der Weihnachtsmarkt haben hier ihren Standort.

The Market Square with the new town hall, which was inaugurated in 1973 and has since been the official quarters of the Mayor (Oberbürgermeister). In 2007/2008 the Market Square was redesigned. Numerous annual events take place here, such as Oechslefest (wine festival), the Gruschtelmarkt (flea market) and the Weihnachtsmarkt (Christmas Market).

La place du Marché, avec la nouvelle mairie inaugurée en 1973, a été réaménagée pour la dernière fois en 2007/2008. Elle accueille régulièrement de nombreuses manifestations telle que la Oechslefest, le Gruschtelmarkt ou le marché de Noël.

Am „Leo“

„Leo“ nennen die Pforzheimer ihren Leopoldplatz liebevoll. Bemerkenswert ist das Industriehaus, das den Luftangriff 1945 als eines von wenigen Gebäuden überstand. 2003 musste es aber abgerissen werden; der originalgetreue Nachbau beherbergt heute die Schmuckwelten. Im Hintergrund ist der 75 Meter hohe Sparkassenturm zu sehen, der seit 2001 das Stadtbild mitprägt.

On “Leo”

“Leo” is the nickname of Leopoldplatz. One remarkable building there is the Industriehaus (originally built as a place for the jewellery manufacturers to exhibit their goods), which is one of the few buildings to have survived the 1945 air attack. In 2003 it had to be demolished completely, and the faithful reproduction that stands on the site houses examples from the world of jewellery. In the background the 75 m high tower of the Sparkasse (savings bank) can be seen, an integral feature of the cityscape since 2001.

«Leo»

C’est le nom affectueux que les habitants de Pforzheim donnent à leur place Leopold. On remarquera la maison de l’Industrie, l’un des rares bâtiments ayant réchappé à l’attaque aérienne de 1945. Il a cependant dû être démoli en 2003; la réplique fidèle de l’original héberge aujourd’hui «Schmuckwelten Pforzheim», un centre commercial consacré aux bijoux. À l’arrière-plan se dresse l’un des édifices caractéristiques de Pforzheim, la tour haute de 75 m de la banque Sparkasse.

War früher die Uhr am Leo der zentrale Treffpunkt, so ist es heute der „Dicke“, der eigentlich schlicht „Männliche Figur“ heißt. Die Bronzestatue von Karl-Henning Seemann ist auch bei Besuchern der Stadt ein beliebtes Fotomotiv. Den Goldnen Adler gibt es an dieser Stelle schon seit dem späten Mittelalter. Das Gebäude wurde im Krieg zerstört und 1956 neu aufgebaut.

A central meeting point used to be the clock on Leo, but it it is now the “Dicke” (fat), called in fact simply ‘Male Figure’. The bronze statue of Karl-Henning Seemann is also a favourite place for taking photographs with visitors. The Goldne Adler (Golden Eagle) has been here since the late Middle Ages. The building was destroyed in the war and rebuilt in 1956.

Si l’on se donnait autrefois rendez-vous à l’horloge du Leo, on se retrouve aujourd’hui près du «Gros» dont le vrai nom est simplement «Statue d’homme». La sculpture en bronze de Karl-Henning Seemann est un motif photographique également apprécié des visiteurs de la ville. L’Aigle Doré se trouve à cet endroit depuis le bas Moyen Âge. Détruit pendant la guerre, le bâtiment a été reconstruit en 1956.

Die Schlössle-Galerie

Seit 2005 bietet dieses Einkaufszentrum den Pforzheimern vielfältige Auswahl. 2006 wurde es als bestes europäisches Shoppingcenter in der Kategorie „Kleine Center“ ausgezeichnet. Im selben Jahr gewann der ungewöhnliche 7000 Quadratmeter große Dachgarten einen Preis.
Anfang des 19. Jahrhunderts hatte die Familie Bohnenberger an diesem Ort eine imposante Stadtvilla erbauen lassen, die den Pforzheimern wie ein „Schlössle“ erschien. Selbst als die Villa 1945 zerstört wurde und das Gelände als Parkplatz und Pausenhof des Hilda-Gymnasiums fungierte, hielt sich die Bezeichnung „Bohnenberger Schlössle“. Das Einkaufszentrum setzt diese Namenstradition fort.

Schlössle Gallery

This shopping centre has been offering a rich variety of consumer items to the people of Pforzheim since 2005. In 2006 it was designated the best shopping mall in Europe in the category “Kleine Center” (small centres). In the same year the unusual 7,000 m^2 roof garden also won a prize.
At the beginning of the 19th cent. the Bohnenberg family built an imposing urban villa here, which looked to the locals like as “Schlössle” (small palace). Even though the villa was destroyed in 1945 and the grounds turned into a car park and playground of the Hilda-Gymnasium (type of secondary school), the name “Bohnenberger Schlössle” continued to be used. The shopping centre continues the tradition of the name.

La galerie Schlössle

Ce centre commercial propose depuis 2005 une grande variété de produits. En 2006, il a reçu le prix du meilleur centre commercial d’Europe dans la catégorie «petits centres». La même année, son original toit en terrasse de 7000m^2 a obtenu une récompense.
Au début du 19e siècle, la famille Bohnenberger avait fait construire à cet emplacement un imposant hôtel particulier qui était un vrai château («Schlössle») aux yeux des habitants de Pforzheim. Même après la destruction de la villa en 1945, alors que le terrain était occupé par un parking et la cour de récréation du lycée Hilda, le nom «Bohnenberger Schlössle» est resté. Le centre commercial perpétue cette tradition.

Nordstadt

Ein buntes Relief kennzeichnet die Fassade dieses ehemaligen Fabrikgebäudes an der Kronprinzenstraße 27. 2007 wurde das Gebäude renoviert. Architektonische Schmuckstücke wie diese finden sich in der Nordstadt, die ab etwa 1900 bebaut wurde.

North City

The façade of a former factory building at Kronprinzenstraße 27 is distinguished by a brightly coloured relief. In 2007 the building was renovated. It is possible to find architectural gems of this sort in the Nordstadt, which started to be built in about 1900.

Quartier Nord

La façade de cet ancien bâtiment d'usine situé 27, rue Kronprinzenstraße est ornée d'un relief polychrome caractéristique. Le bâtiment a été restauré en 2007. De telles merveilles d'architecture se trouvent dans le quartier Nord dont la construction a débuté aux environs de 1900.

In der Nordstadt

Große Teile der Nordstadt blieben im Krieg unzerstört: Hier lässt sich erahnen, wie dieses Viertel vor 1945 aussah.

In the North City

Large sections of the Nordstadt were not affected by war damage, and you can get some idea of what the area must have looked like before 1945.

Dans le quartier Nord

Une grande partie du quartier Nord a été épargnée par la guerre. On devine ici à quoi celui-ci ressemblait avant 1945.

Abends verwandelt sich die Nordstadt in ein beliebtes Ausgehviertel, in dem neben Cafés und Kneipen auch kulturelle Veranstaltungen locken.

In the evening the Nordstadt turns into a an area where people like to go out, where, in addition to the cafés and bars, there are also cultural events.

Le soir, le quartier Nord se transforme en un endroit apprécié des amateurs de sorties pour ses cafés, bistrots et manifestations culturelles.

Der Vogelbrunnen

Max Kassubes Vogelbrunnen aus dem Jahr 1927 lädt an der Ecke Zähringerallee/Salierstraße zum Verweilen ein.

Bird's Well

Max Kassube's Vogelbrunnen, from 1927, offers an inviting to opportunity to dawdle at the corner of Zähringerallee/Salierstraße.

La fontaine aux Oiseaux

La fontaine de Max Kassube date de 1927 et invite à faire une halte à l'angle des rues Zähringerallee/Salierstraße.

Der Hauptfriedhof

Eingebettet zwischen Königsbacher und Eisinger Landstraße liegt der 1877 als Parkfriedhof konzipierte Pforzheimer Hauptfriedhof. Die Aussegnungshalle mit Arkadengang entstand während des Ersten Weltkriegs. Was wie eine Pyramide anmutet, ist die Spitze der Thomaskirche, die unterhalb des Hauptfriedhofs in der Karl-Bührer-Straße liegt.

Main Cemetery

Conceived as a park cemetery in 1877, the main cemetery of Pforzheim lies between Königsbacher and Eisinger Landstraße. The arcaded funeral service hall was built during the First World War. What looks like a pyramid is the top of St Thomas' church, which is below the main cemetery in the Karl-Bührer-Straße.

Le cimetière principal

Conçu comme parc-cimetière en 1877, le cimetière principal de Pforzheim est niché entre les rues Königsbacher Landstraße et Eisinger Landstraße. Le hall funéraire et ses arcades ont été construits pendant la Première Guerre mondiale. Ce qui fait penser au sommet d'une pyramide est le toit pointu de l'église Saint-Thomas située en bas du cimetière principal, rue Karl-Bührer.

Am Wartberg

Zu Beginn der 20er-Jahre des 20. Jahrhunderts entstand die heute denkmalgeschützte Wartbergsiedlung. Die Kalksteinsockel und die schindelverkleideten Giebel erinnern an traditionelle Bauformen im Schwarzwald.

Am Wartberg

The Wartbergsiedlung (residential estate on the Wartberg), which is today monument-listed, is a development that goes back to the beginning of the 1920s. The limestone plinths and shingle gables are typical of traditional construction methods used in the Black Forest.

Au mont Wartberg

La cité aujourd'hui classée du Wartberg date du début des années 1920. Les socles en pierre calcaire et les pignons recouverts d'ardoise rappellent l'architecture traditionnelle de Forêt-Noire.

Vom Wartberg aus genießt man einen herrlichen Ausblick auf die Innenstadt.

From the Wartberg you can get an impressive view of the inner city.

Du Wartberg, on a une vue magnifique sur le centre-ville.

Innotec

Im Nordosten der Stadt, in der Blücherstraße 32, bietet das Innotec Pforzheim seit dem Jahr 2000 Existenzgründern und jungen Unternehmen Raum und Infrastruktur. Insbesondere Firmen, die sich auf Software, Technik und Design spezialisiert haben, sind hier zu finden.

Innotec

In the north-east part of the city, Blücherstraße 32, Innotec Pforzheim, since 2000, has been offering space and infrastructure to those wanting to set up a business. In particular, firms specializing in software, technology and design can be found here.

Innotec

Situé dans le nord-est de la ville, au 32 de la rue Blücher, l'Innotec Pforzheim offre depuis 2000 de la place et des infrastructures aux créateurs d'entreprise et aux jeunes entrepreneurs. On trouve surtout ici des firmes spécialisées dans le logiciel, la technique et le design.

Oststadt | East City | Quartier Est

Im Enzauenpark

Nachlass der Landesgartenschau 1992 ist der Enzauenpark. 38 Hektar Natur am Rande der Stadt stehen für vielfältige Freizeitaktivitäten zur Verfügung. Der Biergarten im Enzauenpark ist mit 2000 Plätzen der größte Pforzheims.

Im Enzauenpark

The park is a legacy of the State Garden Show of 1992. 38 hectares on the edge of the city are available for all sorts of leisure time activities. The Biergarten in the Enzauenpark has seating for 2,000 and is the largest in Pforzheim.

Dans l'Enzauenpark

Ce parc des rives de l'Enz est un héritage des Floralies du Land de 1992. 38 hectares de nature en bordure de la ville permettent de nombreuses activités de loisirs. Avec ses 2000 places, la brasserie en plein air du parc est la plus grande de Pforzheim.

Pforzheims Wiege

Die Altstadtkirche ist das älteste religiöse Bauwerk in Pforzheim, errichtet auf römischen Mauerresten. In der Alten Stadt liegen die antiken Wurzeln Pforzheims – um 90 n. Chr. entstand hier eine römische Siedlung.

Pforzheim's Cradle

The church in the old city is the oldest religious building in Pforzheim, constructed on the remains of the Roman wall. The ancient roots of Pforzheim are in the old city – a Roman settlement began to develop here around 90 AD.

Le berceau de Pforzheim

Bâtie sur des vestiges de murailles romaines, l'église de la vieille ville est le plus ancien édifice religieux de Pforzheim. Les racines antiques de Pforzheim se trouvent dans la vieille ville: une colonie romaine a été fondée ici vers 90 ap. J. C.

Innenstadt

Die St.-Franziskus-Kirche

Die St.-Franziskus-Kirche in der Erbprinzenstraße, 1891 geweiht, prägt das Stadtbild in der Oststadt. Sie zählt in Baden zu den wichtigsten Sakralbauten des späten Historismus.

Inner City

St Francis' Church

St Francis' church in the Erbprinzenstraße, was consecrated in 1891 and is a landmark of the eastern part of the city. It is one of the most important sacred buildings of the later stages of the period known as Historismus (historicism).

Centre ville

L'église Saint-François

L'église Saint-François de la rue Erbprinzenstraße a été consacrée en 1891 et marque de son empreinte la physionomie du quartier Est. Elle compte parmi les bâtiments religieux les plus importants de l'historicisme tardif en Bade.

Das neue Amtsgericht

Das Amtsgericht Pforzheim wurde 2007 an der Ostseite um einen Neubau erweitert, der sich dank der dunkelblauen Fliesen an der Fassade den Spitznamen „Schwimmbad“ gefallen lassen muss. Über einen verglasten Steg ist das ursprüngliche Amtsgerichtsgebäude mit dem Erweiterungsbau verbunden.

New Local District Court

The Amtsgericht of Pforzheim was extended in 2007 on the east side to include a new building, which because of the dark blue tiles on the façade has come to be known as the “swimming bath”. The original building is connected to the new extension by a glass walkway.

Le nouveau tribunal d’instance

En 2007, le tribunal d’instance de Pforzheim a été agrandi à l’est d’un bâtiment recouvert de carreaux bleu foncé qui valent à ce dernier le surnom de «piscine». Une passerelle vitrée relie le tribunal d’instance original au nouvel édifice.

Im Schlosspark

Das Gebäude der Stadtbau GmbH prägt seit einigen Jahren den Schlosspark, der bei schönem Wetter zum Verweilen einlädt. Das Kommunale Kino hat hier seinen Sitz.

Palace Park

The Gebäude der Stadtbau (name of a company = Building of Urban Construction) GmbH has been a dominant feature of the park for years and people enjoy being here in nice weather. It is here that you will find the municipal cinema.

Dans le parc du château

Le bâtiment de la Stadtbau GmbH marque depuis quelques années de son empreinte le parc du château dans lequel, par beau temps, il fait bon séjourner. C'est ici que le cinéma Kommunale Kino a son siège.

Schloss- und Stiftskirche St. Michael

Sie ist das „steinerne Geschichtsbuch“ der Stadt: die Schlosskirche. Zu Beginn des 13. Jahrhunderts erbaut, gehört sie zu den ältesten und bedeutendsten Baudenkmälern Pforzheims. Das badische Fürstenhaus nutzte die Schlosskirche rund 300 Jahre lang als Grablegungsstätte.

Palace and Collegiate Church of St Michael

St Michael's is the "book in stone" of the city: the palace church. Built at the beginning of the 13th cent. it is one of the oldest and most important monuments of Pforzheim. The dynastic house of Baden used the church for about 300 years as a burial place.

Collégiale Saint-Michel

L'église du château est le «livre d'histoire en pierre» de la ville. Elle date du début du 13e siècle et est l'un des édifices les plus anciens et les plus importants de Pforzheim. C'est ici que pendant environ 300 ans ont été inhumés les membres de la maison princière de Bade.

An der Stadtbibliothek

Seit 2002 hat die Stadtbibliothek ihren Sitz an der Ecke Deimlingstraße/Am Waisenhausplatz. Gleichzeitig entstand gegenüber der Erweiterungsbau des Congress Centrums Pforzheim (CCP). Deren erster Bau war 1987 als „Stadthalle" eröffnet worden. Aus diesem Jahr stammt auch die Gernikabrücke, die Fußgängern das Überqueren der vierspurigen Hauptstraße erleichtert.

City Library

The city library has been located at the corner of Deimlingstraße/Am Waisenhausplatz since 2002. At the same time the extension of Congress Centre of Pforzheim (CCP) was built, whose first building in 1987 was opened as the Stadthalle (guildhall). In the same year the Gernikabrücke was constructed, which made it easier for pedestrians to cross the four lane highway.

La bibliothèque municipale

La bibliothèque municipale est installée depuis 2002 à l'angle Deimlingstraße/ Am Waisenhausplatz. En face d'elle se dresse l'annexe du Centre de Congrès de Pforzheim (CCP) édifié en même temps et dont le premier bâtiment avait été inauguré en 1987 en tant que «salle des fêtes municipale». C'est de cette année que date aussi le pont de Guernica qui facilite pour les piétons la traversée de la rue Hauptstraße à quatre voies.

Beim Theater

Am Stadttheater, das sich seit 1990 am Waisenhausplatz befindet, gibt es zwei interessante Plastiken zu entdecken. Die Skulptur von Bildhauer René Dantes vor dem Stadttheater ist der Pforzheimerin Bertha Benz gewidmet, die im August 1888 die erste Überlandfahrt mit einem Automobil von Mannheim nach Pforzheim machte. Am Nonnenmühlsteg hinter dem Theater steht seit 1993 „Die Claque“ von Guido Messer.

At the Theatre

The city theatre has been at the Waisenhausplatz since 1990, and has two interesting statues. The figure made by sculptor René Dantes in front of the theatre is dedicated to the famous daughter of Pforzheim, Bertha Benz, who in August 1888, made the first overland crossing from Mannheim to Pforzheim in a car. The other statue is Die Claque (The Clappers) on Am Nonnenmühlsteg, behind the theatre, by Guido Messer, which has been there since 1993.

Près du théâtre

Il y a deux sculptures intéressantes à découvrir près du théâtre municipal situé depuis 1990 place Waisenhausplatz. Devant le théâtre se trouve l'œuvre du sculpteur René Dantes consacrée à Bertha Benz qui était originaire de Pforzheim et avait été, en août 1888, la première à aller en automobile de Mannheim à Pforzheim. Au pont pour piétons Nonnenmühlensteg, derrière le théâtre, se dresse depuis 1993 «la Claque» de Guido Messer.

Am Waisenhausplatz

Einige wenige Mauerreste hinter dem Stadttheater sind vom ehemaligen Waisenhaus übrig geblieben, das 1718 an dieser Stelle eröffnet wurde. 1767 gründete man hier eine Uhren- und Schmuckfabrik, die den Waisen als Ausbildungsstätte diente – die Keimzelle der Pforzheimer Schmuckindustrie. Alljährlich gibt es an diesem Ort nun Open-Air-Veranstaltungen des Stadttheaters zu erleben.

Am Waisenhausplatz

Some remnants of the wall of the former Waisenhaus (orphanage) can still be seen behind the city theatre, which was built on the site in 1718. In 1767 a clock and jewellery factory was built here for the orphans so that they could learn a trade – the germ of the Pforzheim jewellery industry. Every year the city theatre puts on open air events here.

Waisenhausplatz

Derrière le théâtre municipal se trouvent encore quelques rares vestiges des murailles de l'ancien orphelinat inauguré à cet emplacement en 1718. En 1767 a été ouverte ici une manufacture d'horlogerie et de bijouterie dans laquelle les orphelins pouvaient recevoir une formation – point de départ de l'industrie du bijou de Pforzheim. Aujourd'hui, le bâtiment de l'hôtel Parkhotel marque de son empreinte la physionomie de la place.

Auf der Auerbrücke

Am Zusammenfluss von Enz und Nagold erinnert die Bronzeskulptur „Der Flößer“ von Rob Krier an den einst für die Stadt so wichtigen Wirtschaftszweig. Jahrhundertelang war der Holzhandel mithilfe von Flößen ein einträgliches Geschäft. Der Stadtteil Au war damals das Flößerviertel.

On the Auerbridge

At the confluence of the Enz and Nagold the bronze sculpture Der Flößer (The Log Floater) of Rob Krier recalls the industry that was once so important for the city. For hundreds of years the timber trade, in which log rolling played an important part, was a lucrative business. The Au district was at that time the log floating quarter.

Sur le pont Auerbrücke

Au confluent de l’Enz et de la Nagold, «le Flotteur de bois» – la sculpture en bronze de Rob Krier – rappelle cette branche de l’économie autrefois si importante pour la ville. Pendant des siècles, le transport du bois au moyen de radeaux a représenté un commerce lucratif. Le quartier de l’Au était autrefois celui des flotteurs de bois.

Emma-Jäger-Bad

Das Emma-Jäger-Bad war bei seiner Eröffnung 1911 das erste Volksbad Pforzheims. Es wurde dank der großzügigen Pforzheimerin Emma Jäger gebaut, die ihr Vermögen der Stadt vermachte. In den Räumen des alten Bades entsteht ein Kreativzentrum.

Emma-Jäger-Bad

The Emma-Jäger-Bad was the first public swimming bath in Pforzheim when it was opened in 1911. It was built with the generous assistance of Emma Jäger, a resident of the city who left her fortune to the city. The old bath is now the site of an arts centre.

Piscine Emma-Jäger

La piscine Emma-Jäger était au moment de son inauguration la première piscine populaire de Pforzheim. Elle a été construite grâce à la générosité d'Emma Jäger qui avait légué sa fortune à sa ville. Les salles de l'ancienne piscine vont accueillir un centre de création.

Südstadt

Hochschule Pforzheim

Bis ins Jahr 1877 reichen die Ursprünge der heutigen Hochschule für Gestaltung, Technik, Wirtschaft und Recht. In der Holzgartenstraße (links) sind die kreativen Studiengänge zu Hause, alle weiteren in der Tiefenbronner Straße. Rechts sieht man das Gebäude des Fachbereichs Wirtschaft sowie die Bibliothek (unten), die einen schönen Ausblick über die Stadt bietet. Die Pforzheimer Hochschule ist bei Studieninteressierten aus ganz Deutschland beliebt: Rund acht Bewerber gibt es durchschnittlich auf einen Studienplatz.

South City

Institute of Higher Education

The origins of the Hochschule für Gestaltung, Technik, Wirtschaft und Recht (University of Design, Technology, Economics and Law) go back to 1877. In the Holzgartenstraße (left) are the creative university courses, the rest in the Tiefenbronner Straße. To the right you can see the building of the Economics Faculty together with the library (below), which provides a fine view of the city. The university is popular among all those in Germany wishing to do a degree. There are on average eight applicants for each place.

Quartier Sud

École supérieure de Pforzheim

Les origines de l'actuelle école supérieure de design, technique, économie et droit remontent à 1877. Les secteurs de la création sont installés rue Holzgartenstraße (à gauche) et tous les autres rue de Tiefenbronn. À droite se dresse le bâtiment du département d'économie ainsi que la bibliothèque (ci-dessous) d'où l'on a une belle vue sur la ville. L'école supérieure de Pforzheim est appréciée dans toute l'Allemagne: on y enregistre en moyenne environ huit canditatures par place disponible.

Der Wildpark

Eine Attraktion der Stadt ist der Wildpark: Über 70 Tierarten gibt es hier zu entdecken! Seit 1968 erfreuen sich täglich Kinder und Erwachsene an den großen und kleinen Wildtieren – und das bei freiem Eintritt. Spaß bescheren außerdem zahlreiche Spielplätze.

Wildlife Park

An attraction is the wildlife park, with over 70 species to be discovered! The large and small animals in the park have been a source of delight for children and adults alike since 1968 – with no entrance charge. Children can also have fun in the many playgrounds of the park.

Le parc animalier

Une attraction de la ville est le parc animalier où l'on peut découvrir plus de cent espèces d'animaux! Depuis 1968, enfants et adultes ont chaque jour le plaisir d'y voir des animaux sauvages de toutes les tailles – et cela gratuitement. De nombreux terrains de jeux sont de plus une autre occasion de bien s'amuser.

DDR-Museum

Ein echtes Stück Berliner Mauer ist im Hagenschieß zu finden. Die private Sammlung „Gegen das Vergessen – Sammlung zur DDR-Geschichte“ ist seit 1998 der Öffentlichkeit zugänglich und bietet außergewöhnliche Einblicke in die Geschichte und das Alltagsleben in der ehemaligen DDR.

Museum of the GDR

A genuine piece of the Berlin Wall is not easy to find in the Hagenschieß. The private collection Gegen das Vergessen – Sammlung zur DDR-Geschichte (Against foregtting – collection on the history of the GDR) has been open to the public since 1998 and provides extraordinary insights into the history and everyday life of the former GDR.

Musée de la RDA

On peut trouver à Hagenschieß un vrai morceau du mur de Berlin. La collection privée «Contre l'oubli – Collection relative à l'histoire de la RDA» est ouverte au public depuis 1998 et permet d'en apprendre plus sur l'histoire et la vie quotidienne en RDA.

Am Seehaus

Der künstliche See wurde einst als Fischweiher angelegt. Bei schönem Wetter genießen viele Spaziergänger die malerischen Impressionen.

Lake House

The artifical lake is in the form of a fish pound. When the weather is nice, people like to go for a walk to enjoy the picturesque impressions.

À l'auberge Seehaus

Ce lac artificiel était à l'origine un bassin piscicole. Par beau temps, les promeneurs sont nombreux à savourer son paysage pittoresque.

Weststadt

Die Nagold

Blick von der Werderbrücke auf die Stadtkirche: die Nagold kurz vor ihrem Einmünden in die Enz. Seit 1968 ist der 86 Meter hohe Turm der Stadtkirche ein Wahrzeichen der Stadt. Der Vorgängerbau wurde im Zweiten Weltkrieg beschädigt, sodass man sich für einen Neubau entschied.

West City

Die Nagold

View from the Werder bridge of the city church: the Nagold shortly before it flows into the Enz. The 86 metre high tower has been a landmark in the city since 1968. The previous building was destroyed in World War Two, as a result of which it was decided to build a new tower.

Quartier Ouest

La Nagold

L'église évangélique vue du pont Werder, avec la Nagold peu avant qu'elle ne se jette dans l'Enz. Depuis 1968, cette tour haute de 86 mètres est un emblème de la ville. Le bâtiment précédent avait été endommagé pendant la Seconde Guerre mondiale de sorte que la construction d'une nouvel édifice avait été décidée.

Das Reuchlinhaus

Seit 1961 ist das vom angesehenen Museumsarchitekten Manfred Lehmbruck realisierte Reuchlinhaus Anziehungspunkt für die Besucher der Stadt. Die Galerie zum Hof sowie der Saal im Untergeschoss öffnen sich zu einem lauschigen Atriumhof.

Das Reuchlinhaus

The Reuchlinhaus, the creation of the respected museum architect Manfred Lehmbruck, has been an attraction for visitors to the city since 1961. The gallery to the courtyard and the hall in the basement open on to a cosy atrium.

La maison Reuchlin

Cette maison réalisée par Manfred Lehmbrück, un architecte réputé pour ses musées, attire depuis 1961 les visiteurs de la ville. Elle héberge la Société des Amis des Arts et de l'Artisanat ainsi que le musée de la Bijouterie de Pforzheim.

Neben dem Kunstverein ist hier insbesondere das Pforzheimer Schmuckmuseum zu finden, das sich der Geschichte des Schmucks widmet. 2006 wurde es nach einer umfassenden Sanierung mit nahezu doppelter Ausstellungsfläche wiedereröffnet. Die Fotos unten zeigen Details der Außenfassade des Reuchlinhauses.

In addition to the Kunstverein (Friends of the Gallery) the Pforzheim Jewellery Museum, dedicated to the history of jewellery, can also be found here. In 2006 the building, after having been completely refurbished, was reopened to the general public with almost twice the amount of space for exhibitions. The photos below show details of the outer façade of the Reuchlinhaus.

À côté du Kunstverein, la Société des Amis des Arts, se trouve le musée de la Bijouterie de Pforzheim qui est consacré à l'histoire du bijou. Complètement rénové en 2006, il a rouvert ensuite avec une surface d'exposition pratiquement doublée. Les photos ci-dessous montrent des détails de la façade de la maison Reuchlin.

Im Stadtgarten

An das Reuchlinhaus schließt unmittelbar der Stadtgarten an. Der große Springbrunnen ist ein beliebtes Hintergrundmotiv für Brautpaare. 1885 durch den Gartenbauverein eröffnet, erfreut sich der Stadtgarten als größte Grünfläche in der Innenstadt bleibender Beliebtheit.

City Garden

Adjoining the Reuchlinhaus is the city garden. The large well has appeared in many photographs taken of newly married couples. Opened in 1885 by the Gartenbauverein (gardening club), the city garden has always been popular as the largest green space in the inner city.

Le jardin municipal

Le jardin municipal est contigu à la maison Reuchlin. Les jeunes mariés aiment se faire photographier devant son grand jet d'eau. Ouvert en 1885 par la Société d'Horticulture, le plus grand espace vert du centre-ville est toujours aussi apprécié.

Kollmar & Jourdan-Haus

Das ehemalige Firmengebäude der Schmuck- und Uhrenkettenfabrik Kollmar&Jourdan in der Bleichstraße 81 ist ein imposantes Wahrzeichen jener Zeit, die Pforzheim zur „Goldstadt" machte. Heute beherbergt das Gebäude Büros, Künstlerateliers sowie die Pforzheim Galerie und das Technische Museum.

Kollmar & Jourdan-Haus

The former company headquarters of the jewellery and watch chain manfuacturer Kollmar&Jourdan at Bleichstraße 81 is an imposing symbol of the period that made Pforzheim the Goldstadt. Today it contains offices, artists studios, the Pforzheim Gallery and the Museum of Technology.

Maison Kollmar & Jourdan

Les bâtiments de l'ancienne fabrique de bijoux et de chaînes de montres Kollmar & Jourdan sont situés au 81 de la rue Bleichstraße et sont un emblème imposant de cette époque qui a fait de Pforzheim la «ville de l'or». L'édifice abrite aujourd'hui des bureaux et des ateliers d'artistes ainsi que la Galerie Pforzheim et le musée de la Technique.

Das Rodviertel

Im Südwesten der Stadt liegt Pforzheims Vorzeigewohngebiet: das Rodviertel. Um 1850 begannen die Pforzheimer Fabrikanten, die bis dato als Kuhweide genutzte Fläche mit repräsentativen Villen zu bebauen – hier die ehemalige Fabrikvilla Bek (Ecke Schwarzwaldstraße/Lameystraße). 1900 entstand der Wasserturm auf dem Rodrücken.

Das Rodviertel

In the southwest part of the city is the quarter where the wealthy residents of Pforzheim built their houses: the Rodviertel. Around 1850 factory owners in the city began to build their prestigious villas on an area, which until then had been used as a grazing meadow for cattle – here was the former factory villa Bek (corner of Schwarzwaldstraße/Lameystraße). In 1900 the water tower was built on the Rodrücken.

Rodviertel

Ce quartier résidentiel de Pforzheim est situé dans le sud-ouest de la ville. Vers 1850, les fabricants de Pforzheim ont commencé à faire construire de magnifiques villas là où paissaient autrefois les vaches – ici l'ancienne villa du fabricant Bek (à l'angle des rues Schwarzwaldstraße/Lameystraße). Le château d'eau du Rodrücken a été édifié en 1900.

Innenstadt

Am Sedanplatz

Der „Hopfenschlingel“ am Sedanplatz begeistert seine Gäste mit Bier aus der hauseigenen Brauerei. Das Foto rechts zeigt den Sedanplatz von oben mit Blick Richtung Leopoldstraße.

Inner City

Am Sedanplatz

The “Hopfenschlingel” (Hop Rogue, a common name for a place licensed to sell beer) on Sedanplatz dispenses its own beer to enthusiastic consumers. The photo (right) shows the Sedanplatz from above looking towards the Leopoldstraße.

Centre ville

Place de Sedan

Le restaurant «Hopfenschlingel» de la place de Sedan est réputé auprès de ses clients pour sa bière maison. La photo à droite montre la place de Sedan avec vue sur la rue Leopold.

Die Herz-Jesu-Kirche

Die ungewöhnliche Kuppel ist Kennzeichen der Herz-Jesu-Kirche, ein expressionistischer Kirchenbau, der in den Jahren 1928/1929 entstand. Architekt Otto Linder selbst war es, der nach dem Zweiten Weltkrieg die zerstörte Kirche bis 1954 wieder aufbaute.

Church of the Sacred Heart

The unusual cupola is a hallmark of the church, an expressionist church building erected between 1928 and 1929. It was the architect Otto Linder himself who after World War Two undertook to rebuild the church that had been destroyed, and the work was completed in 1954.

L'église du Sacré-Cœur de Jésus

Sa coupole inhabituelle est le signe distinctif de l'église du Sacré-Cœur de Jésus, un édifice de style expressionniste bâti dans les années 1928/1929. Elle a été détruite pendant la Seconde Guerre mondiale et c'est son architecte Otto Linder lui-même qui s'est occupé jusqu' en 1954 de sa reconstruction.

Melanchthonhaus

Malerisch an der Enz gelegen: das Melanchthonhaus mit seinen Arkaden, erbaut 1914. Benannt ist das Bauwerk nach dem Reformator Philipp Melanchthon, der mit Johannes Reuchlin verwandt war und in Pforzheim die Lateinschule besuchte.

Melanchthon House

Picturesquely situated on the Enz, the Melanchthon House with its arcades was built in 1914. The house is named after the Reformation figure Philipp Melanchthon, who was related to Johannes Reuchlin and attended the Latin School in Pforzheim.

Maison Melanchton

Cette maison à arcades située dans le décor pittoresque des rives de l'Enz a été construite en 1914. L'édifice porte le nom du réformateur Melanchton qui était un parent de Reuchlin et avait fréquenté l'école latine de Pforzheim.

Markt auf dem Turnplatz

Der Wochenmarkt lockt die Pforzheimer mittwochs und samstags auf den Turnplatz. Die Ursprünge dieser Institution vermutet man im 13. Jahrhundert. Anfänglich hatte der Wochenmarkt seinen Sitz auf dem Marktplatz. Da zu Beginn des 20. Jahrhunderts Straßenbahnen auf diesem verkehrten, verlegte man den Markt auf den Turnplatz. Heute gibt es auch auf dem Marktplatz wieder einen Markt – dienstags und freitags.

Market on the Turnplatz

The Pforzheim weekly market on the Turnplatz is an attraction on Wednesdays and Saturday. The origins of this institution are probably to be found in the 13th cent. Initially the weekly market took place on the Marktplatz (Market Square). Because trams started to run there at the beginning of the the 20th cent., the market was moved to the Turnplatz. Today there is once again a market on the Marktplatz on Tuesdays and Fridays.

Marché de la Turnplatz

Le mercredi et le samedi, le marché attire les visiteurs sur la Turnplatz (l'ancien terrain d'exercice). Les origines de cette institution remonteraient au 13e siècle. Initialement, le marché se tenait place du Marché. Mais en raison des tramways qui circulaient là au début du 20e siècle, le marché a été installé sur la Turnplatz. Aujourd'hui, la place du Marché accueille de nouveau un marché – le mardi et le vendredi.

Kulturhaus Osterfeld

Eine wechselvolle Geschichte hat das Gebäude hinter sich, in dem heute das Kulturhaus Osterfeld sowie die Osterfeld-Grundschule und -Realschule ihre Heimstätte haben. 1907 als Schule eröffnet, war der großzügige Bau bereits im Ersten und dann auch im Zweiten Weltkrieg ein Lazarett für Kriegsverwundete. Nach 1945 beherbergte das Gebäude ein Verwaltungszentrum, die Stadtbücherei sowie das Stadttheater. Ab 1975 konnte es wieder als Schule genutzt werden. 1994 eröffnete das Kulturhaus Osterfeld, ein soziokulturelles Zentrum, das jährlich zahlreiche Besucher aus Pforzheim und der Region anzieht.

Socio-Cultural Centre Osterfeld

This building has a varied history, and today is the home of the Kulturhaus Osterfeld as well as the Osterfeld-Grundschule und -Realschule (Primary and Secondary schools). Opened as a school in 1907 the substantial building was a hospital for wounded soldiers in the First and Second World Wars. After 1945 the building became an administrative centre, the public library and the city theatre. From 1975 it was possible to use it as a school once again. 1994 saw the opening of Kulturhaus Osterfeld, a socio-cultural centre that attracts many visitors from Pforzheim and the region.

Maison de la culture d'Osterfeld

Le bâtiment, qui accueille aujourd'hui la maison de la culture d'Osterfeld ainsi que l'école primaire et le collège d'Osterfeld, a eu une histoire mouvementée. Ce vaste édifice inauguré en 1907 était à l'origine une école puis a hébergé un hôpital militaire pendant la Première et la Seconde Guerre mondiale. Après 1945, il a abrité un centre administratif ainsi que bibliothèque et théâtre municipaux. À partir de 1975, il a pu de nouveau être utilisé comme école. En 1994 s'est ouverte la maison de la culture d'Osterfeld, un centre socioculturel qui attire chaque année de nombreux visiteurs de Pforzheim et de la région.

Brötzingen/Arlinger

In Brötzingen

Seit 1905 zählt Brötzingen zu Pforzheim. Bis ins 19. Jahrhundert hinein war Brötzingen ein reiches Bauerndorf, dessen Weinanbau man sehr schätzte. Ein bisschen hat es sich seinen charmanten Dorfcharakter erhalten können. Heute erinnert insbesondere das denkmalgeschützte Areal des Stadtmuseums an die alten Zeiten.

Brötzingen/Arlinger

In Brötzingen

Brötzingen has been part of Pforzheim since 1905. Until the late 19th cent. Brötzingen was a rich farming village, whose wine growing was prized. It has been able to keep some of its charming village character. Today the area of the city museum is particularly reminiscent of the old days.

Brötzingen/Arlinger

À Brötzingen

Brötzingen est rattaché à Pforzheim depuis 1905. Jusqu'au 19e siècle, Brötzingen était un village prospère très estimé pour sa viticulture. Il a su conserver encore un peu de son charme villageois. Aujourd'hui, c'est principalement le site protégé du musée municipal qui rappelle le bon vieux temps.

Kastanienhof und Domicile

Ein lauschiges Plätzchen für das Feierabendbier: der Kastanienhof in Brötzingen (oben). Das Domicile ist seit 1975 auch über die Grenzen der Goldstadt hinaus die erste Adresse, wenn es um Jazz geht. Musiker aus aller Welt standen schon auf dieser Bühne (unten).

Kastanienhof and Domicile

The Kastanienhof in Brötzingen (above) is a cosy place for an afterwork beer. The Domicile has been the number one venue, even beyond the Pforzheim borders, for jazz since 1975. Musicians from all over the world have played here (below).

Kastanienhof et Domicile

Un endroit tranquille pour y boire une bière après le travail: le Kastanienfof de Brötzingen (en haut). Le Domicile est depuis 1975 la meilleure adresse de la ville de l'or, et même au-delà, pour écouter du jazz. Des musiciens du monde entier ont déjà joué sur cette scène (en bas).

Die Matthäuskirche

Im Arlinger liegt die zu Beginn der 50er-Jahre errichtete Matthäuskirche. Sie hat, als ein Hauptwerk des bekannten Architekturprofessors Egon Eiermann, über Deutschland hinaus Interesse gefunden. Für die Betonformsteine wurde Trümmersplitt der 1945 zerstörten Stadt verwendet.

St Matthew's Church

St Matthew's church, bult at the beginning of the 50s, is in Arlinger. As a central work of the well-known architecture professor Egon Eiermann, it has provoked a certain amount of interest outside Germany. The concrete blocks are made by the debris of the city destroyed in 1945.

L'église Saint-Matthieu

Dans le quartier d'Arlinger se trouve l'église Saint-Matthieu construite au début des années 50. C'est l'un des ouvrages principaux du célèbre professeur d'architecture Egon Eiermann et il a provoqué l'intérêt au-delà des frontières allemandes. Les décombres de la ville détruite en 1945 ont servi à produire les gravillons utilisés pour la fabrication des briques en béton.

Wilferdinger Höhe

Wilferding Heights

Les hauteurs de Wilferdingen

Der Wallberg

„Monte Scherbelino" heißt der Wallberg im Volksmund. Er war schon immer eine stattliche Erhebung, gewann aber nach dem Zweiten Weltkrieg rund 40 Meter hinzu, weil man hier die Trümmer der Stadt nach dem Luftangriff vom 23. Februar 1945 ablud. Seit 2005 zeigen fünf Stelen auf dem Wallberg Bilder der alten, der zerstörten und der wieder aufgebauten Stadt Pforzheim.

Der Wallberg

The Wallberg is popularly known as "Monte Scherbelino" ('Scherbe' means 'fragment'). It was always reasonably high, but after World War Two its height was increased by around 40 metres, because it was here that the debris of the city after the air bombardment of 23rd February 1945 was deposited. In 2005 five stelae on the Wallberg show images of the old destroyed Pforzheim and the rebuilt Pforzheim.

Le mont Wallberg

«Monte Scherbelino» est le nom donné au Wallberg dans le langage populaire. Après la guerre, cette butte depuis toujours imposante a encore grandi de 40 mètres parce que c'est là qu'ont été déchargés les décombres après les bombardements du 23 février 1945. Depuis 2005, 5 stèles montrent sur le Wallberg des photos de la ville de Pforzheim avant la guerre, en ruine et après la reconstruction.

Die Wilferdinger Höhe

Die Wilferdinger Höhe, vom Wallberg aus gesehen. In den letzten Jahrzehnten hat sich das Areal zu einem großen Gewerbegebiet entwickelt, über 300 Unternehmen und Dienstleister haben hier ihren Sitz.

Wilferding Heights

The Wilferdinger Höhe, seen from the Wallberg. In the last few decades the area has developed into a large industrial estate, and over three hundred businesses and service providers are located here.

Les hauteurs de Wilferdingen

Les hauteurs de Wilferdingen vues du Wallberg. Dans les décennies passées, cet endroit s'est transformé en une zone d'activité rassemblant plus de 300 entreprises.

Askalun-Theater

Das semiprofessionelle Askalun-Theater hat seit 1994 in der Wilferdinger Straße seinen festen Sitz. Junge und Junggebliebene können hier Schauspielkurse belegen.

Askalun-Theater

The semi-professional Askalun-Theater has had a permanent home in the Wilferdinger Straße. Young people and the young-at-heart can do acting courses here.

Théâtre Askalun

Ce théâtre semi-professionnel est installé depuis 1994 rue de Wilferdingen. Les jeunes et ceux qui le sont restés peuvent y suivre des cours d'art dramatique.

Der Hachelturm

So stellt man sich einen Turm in Grimms Märchen vor: Der Hachelturm an der Hachelallee bietet seit 1904 eine herrliche Aussicht über die Stadt.

Der Hachelturm

This looks like a tower from one of the stories collected by the Grimm Brothers. The Hachelturm on the Hachelallee has been providing a splendid view of the city since 1904.

La tour Hachel

C'est bien ainsi que l'on se représente une tour des contes des frères Grimm: de la tour Hachel située dans l'avenue du même nom, on a depuis 1904 une vue magnifique sur la ville.

Umland

Der Herrmannsee

Im Büchenbronner Wald liegt der Herrmannsee, zwischen den beiden Weltkriegen von Eugen Herrmann und seinen Brüdern begründet. Der schwierigen Zeit der Wirtschaftskrise geschuldet, beschloss er, die Feuchtwiesen bei den Pfatschbachquellen zu einem Fischweiher zu fassen. Schließlich wurde ein Badesee daraus, ein Ruderbootbetrieb kam später hinzu. Heute ist der Herrmannsee ein bekanntes Ausflugsziel.

Surrounding Area

Lake Hermann

The Hermannsee, in the Büchenbronner Wald (Buchenbronn Forest), was created between the World Wars by Eugen Herrmann and his brothers. Because of the world economic crisis Eugen decided to turn the wetlands near the sources of the Pfatschbach (name of a stream) into a fish pond. A bathing lake was created out of it, and later a rowing boat hire business was added. Today the lake is a favourire place for excursions.

Alentours de Pforzheim

Le lac Herrmann

Dans la forêt de Büchenbronn se trouve le lac Hermann créé entre les deux guerres par Eugen Hermann et ses frères. Les temps étaient durs pendant la crise économique c'est pourquoi il a décidé de réunir les prairies humides proches des sources du Pfatschbach en un bassin piscicole transformé plus tard en un lac de baignade auquel est venue s'ajouter ensuite une location de barques. Le lac Hermann est aujourd'hui un but d'excursion bien connu.

Bogenbrücke in Dillweißenstein

Mitte des 19. Jahrhunderts entstand die Weißensteiner Bogenbrücke unter Leitung des Pforzheimer Ingenieurs Julius Naeher. 1913 wurde Dillweißenstein, einst aus den Dörfern Dillstein und Weißenstein hervorgegangen, ein Stadtteil Pforzheims.

Arched Bridge in Dillweißstein

In the middle of the 19th cent. the arched bridge in Weißenstein was built under the supervision of the Pforzheim engineer Julius Naeher. In 1913 Dillweißenstein, the result of an amalgamation of the two villages Dillstein and Weißenstein, became a district of Pforzheim.

Pont voûté de Dillweißenstein

Au milieu du 19e siècle a été construit le pont voûté de Weißenstein sous la direction de Julius Naeher, un architecte de Pforzheim. Dillweißenstein, dont l'origine remonte à la réunification des villages de Dillstein et de Weißenstein, est devenu un quartier de Pforzheim en 1913.

Der Goldene Anker

Ein Haus mit Geschichte ist der Goldene Anker an der Bogenbrücke: Flößer und Schultheiß Christoph Trautz errichtete das Gebäude 1722. Es ist heute das letzte verbliebene Flößerhaus im Stadtkreis und beherbergt inzwischen wieder ein Gasthaus.

Golden Anchor

The Golden Anchor is an historical house on the arched bridge: Christoph Trautz, a floater and village mayor, built the house in 1722. Today it is the last remaining floater house in the whole city and is now a restaurant.

Goldener Anker

Construite près du pont voûté par le flotteur de bois et prévôt Christoph Trautz en 1722, la maison Goldener Anker est riche d'histoire. La dernière maison de flotteur de bois encore conservée de l'arrondissement abrite entre-temps de nouveau une auberge.

Bahnhof Weißenstein

1874 wurde der Bahnhof in Weißenstein in Betrieb genommen – als württembergischer Bahnhof auf badischem Boden! Seit 1988 ist das denkmalgeschützte Gebäude im Besitz des Vereins Eisenbahnfreunde Pforzheim, die hier ein Verkehrsmuseum etabliert haben und sich intensiv um die Restaurierung bemühen. Seit 2008 halten wieder Züge am Weißensteiner Bahnhof.

Weißenstein Railway Station

In 1874 the railway station was opened in Weißenstein – a Württemberg station on Baden soil! The building, now monument-listed since 1988, belongs to the Friends of the Railway Association of Pforzheim, who have set up a transport museum here and have been working very hard to restore it. Trains have once again begun to stop at the station since 2008.

Gare de Weißenstein

La gare de Weißenstein – une gare wurtembergeoise sur le sol badois! – est entrée en exploitation en 1874. Ce bâtiment protégé appartient depuis 1988 à l'association des Amis du Rail de Pforzheim qui y a installé un musée des transports et s'occupe activement de sa restauration. Depuis 2008, des trains font de nouveau halte à la gare de Weißenstein.

Burgruine Kräheneck

Hoch über dem Stadtteil Dillweißenstein thront die Ruine der Burg Kräheneck, die vermutlich im 11. Jahrhundert entstand – ein malerischer Ort, der zu kleinen Ausflügen einlädt.

Castle Ruin at Kräheneck

High above Dillweißenstein towers the ruin of Castle Kräheneck, which was probably built in the 11th cent. – a picturesque spot that is idea for short outings.

Ruines de Kräheneck

Un endroit pittoresque idéal pour de petites excursions: les ruines du château de Kräheneck, dont l'origine remonte probablement au 11e siècle, surplombent le quartier de Weißenstein.

Kupferhammer

Am Kupferhammer beginnt der Westweg, der von Pforzheim über den Schwarzwald nach Basel führt. Seine Ausschilderung wurde im Jahr 1900 abgeschlossen. Später ergänzte man den Westweg durch den Ostweg von Pforzheim nach Schaffhausen und den Mittelweg von Pforzheim nach Waldshut. Der Westweg wurde zum Vorbild für zahlreiche weitere Fernwanderwege.

Kupferhammer

The Westweg (Westway) begins at the Kupferhammer and leads from Pforzheim via the Balck Forest to Basel. Signposting was completed in 1900. The road was later supplemented by the Ostweg (Eastway) from Pforzheim to Schaffhausen and the Mittelweg (Middleway) from Pforzheim to Waldshut. The Westweg became the model for many other long-distance hiking trails.

Kupferhammer

C'est de là que part le sentier de l'Ouest qui mène de Pforzheim à Bâle en passant par la Forêt-Noire et dont le balisage a été terminé en 1900. Il a été plus tard complété par le sentier de l'Est allant de Pforzheim à Schaffhausen et le sentier médian de Pforzheim à Waldshut. Le sentier de l'Ouest a servi de modèle à de nombreux autres sentiers de grande randonnée.

Das Würmtal

Zu allen Jahreszeiten lohnt sich eine Wanderung durch das Würmtal. Die Würm mündet am Kupferhammer in die Nagold. Auch ein Pforzheimer Ortsteil ist nach dem Fluss benannt.

Das Würmtal

A walk through the Würmtal is a good idea at any time of the year. The Würm flows into the Nagold. There is even a district of Pforzheim named after the river.

La vallée de la Würm

Cela vaut en toute saison la peine de faire une randonnée à travers la vallée de la Würm. La Würm se jette dans la Nagold au Kupferhammer. Cette rivière a aussi donné son nom à un quartier de Pforzheim.

Auf Wiedersehen!

Von den Geschichten, die es zu erzählen gibt, und den Orten, die man gesehen haben muss, war dies nur eine Auswahl. Vieles mehr gibt es zu entdecken – bei uns in Pforzheim.

Goodbye and we hope to see you again!

This has been only a selection of the stories to be told and the places to be visited. There is a lot more to be discovered – here in Pforzheim.

Au revoir!

Ceci n'est qu'une sélection des histoires qu'il y a à raconter et des endroits qu'il faut avoir vus. Il y a encore beaucoup de choses à découvrir chez nous à Pforzheim.

Weitere Bücher aus dem Wartberg Verlag für Baden-Württemberg

Ana Kugli
Bei uns in Pforzheim
Geschichten und Anekdoten
ISBN 978-3-8313-1814-8

Brigitte Wagner
Affenhitze in der Pagodenburg
Rastatter Geschichten
ISBN 978-3-8313-2363-0

Christine Giersberg
Wo der Besen zum Trinken einlädt
Geschichten und Anekdoten aus Esslingen
ISBN 978-3-8313-2152-0

Uwe Bogen
Liebe, Tanz und Bretterbuden
Geschichten und Anekdoten aus Stuttgart
ISBN 978-3-8313-2149-0

Jutta Weber-Bock
Unsere Kindheit in Stuttgart
Aufgewachsen in den 40er und 50er Jahren
ISBN 978-3-8313-1850-6

Uwe Bogen
Unsere Kindheit in Stuttgart
Aufgewachsen in den 60er und 70er Jahren
ISBN 978-3-8313-1841-4

Wartberg GmbH & Co. KG Bücher für Deutschlands Städte und Regionen
Im Wiesental 1 | 34281 Gudensberg Tel. 05603-93050 | Fax 05603-930528
www.wartberg-verlag.de **www.kindheitundjugend.de**